Hockey
Grandes momentos, récords y datos

Teddy Borth

Abdo
GRANDES DEPORTES
Kids

abdopublishing.com

Published by Abdo Kids, a division of ABDO, PO Box 398166, Minneapolis, Minnesota 55439.

Copyright © 2017 by Abdo Consulting Group, Inc. International copyrights reserved in all countries. No part of this book may be reproduced in any form without written permission from the publisher.

Printed in the United States of America, North Mankato, Minnesota.

052016

092016

THIS BOOK CONTAINS
RECYCLED MATERIALS

Spanish Translator: Maria Puchol, Pablo Viedma

Photo Credits: AP Images, Corbis, iStock, Shutterstock, © KUCO / Shutterstock.com p.5

Production Contributors: Teddy Borth, Jennie Forsberg, Grace Hansen

Design Contributors: Laura Rask, Dorothy Toth

Publishers Cataloging-in-Publication Data

Names: Borth, Teddy, author.

Title: Hockey: Grandes momentos, récords y datos / by Teddy Borth.

Other titles: Hockey : great moments, records, and facts. Spanish

Description: Minneapolis, MN : Abdo Kids, [2017] | Series: Grandes deportes |
    Includes bibliographical references and index.

Identifiers: LCCN 2016934835 | ISBN 9781680807356 (lib. bdg.) |
    ISBN 9781680808377 (ebook)

Subjects: LCSH: Hockey--Juvenile literature. | Spanish language materials--
    Juvenile literature.

Classification: DDC 796.962--dc23

LC record available at http://lccn.loc.gov/2016934835

Contenido

Hockey

Desde 1700 ya se jugaba

a hockey. Las reglas se

escribieron en 1877.

Sólo tenían 7 reglas.

La pista

Canadá es el país que más **pistas de hielo** tiene. Tiene más de 2,500 pistas de hielo cubiertas. Tiene unas 5,000 al aire libre.

Grandes récords

A Wayne Gretzky se le llama en inglés "The Great One". Posee muchos récords. Anotó 894 goles. Más que ningún otro jugador.

9

Glenn Hall es conocido en inglés como "Mr. Goalie". Participó en 502 juegos consecutivos. Jugaba sin máscara protectora.

Los jugadores pueden recibir **penalizaciones**. Deben sentarse en un banquillo especial. Tiger Williams ha pasado más minutos que nadie en este banquillo. Pasó 3,966 minutos sentado.

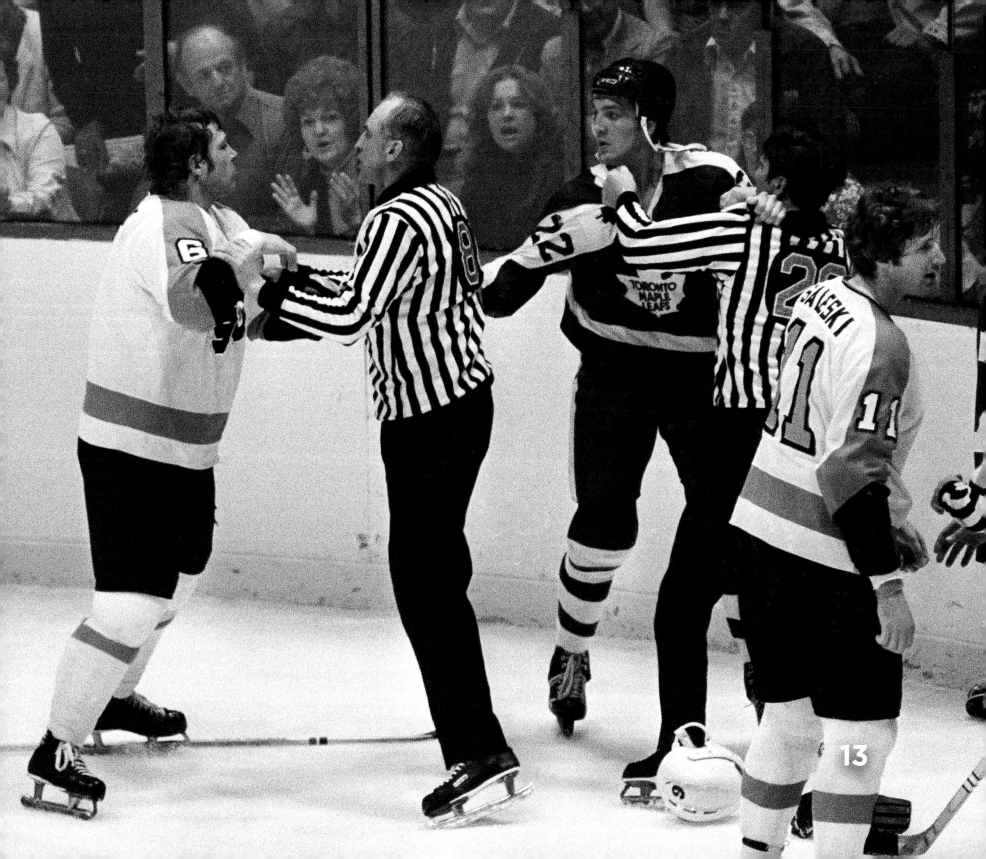

13

Milagro sobre hielo

En las **olimpiadas** de 1980 la **Unión Soviética** era la gran favorita. Eran fuertes. Ganaban todos los partidos. La gente pensaba que la selección de Estados Unidos no podría ganar.

USA anotó dos veces en el tercer período. Iban 1 punto por delante. Los soviéticos atacaron. USA aguantó con fuerza durante 10 minutos. Los soviéticos no pudieron anotar de nuevo. ¡USA había ganado a los soviéticos!

16

Bobby Orr puede volar

Los Bruins podían ganar la **Stanley Cup** de 1970. Jugaban contra los Blues. Estaban empatados 3-3 y tenían que ir al tiempo extra. Bobby Orr recibió un pase de un compañero.

19

Le hicieron caer cuando disparaba. ¡Pero aún así, anotó el gol de la victoria! El vuelo de Orr se hizo historia. Incluso se construyó un monumento para recordarlo.

21

Más datos

- El tiro de disco más rápido registrado es de 114 millas por hora (183 km/h).

- La NHL empezó en 1917 con seis equipos solamente. Los equipos eran de Boston, Chicago, Detroit, Nueva York, Montreal y Toronto.

- Los equipos y jugadores que han ganado la Stanley Cup están inscritos en la misma copa. Hay algunas faltas de ortografía en la copa. Por ejemplo Boston está escrito "Bqstqn", Maple Leaves está escrito "Maple Leaes" e Islanders está escrito "Ilanders".

Glosario

olimpiadas – evento deportivo donde equipos de todo el mundo compiten entre ellos. Las olimpiadas de invierno ocurren cada cuatro años.

penalización – pago por romper las reglas. En hockey esto significa quedarse sentado en un banquillo especial. El equipo juega con un jugador menos para compensar el haber roto las reglas.

pista de hielo – superficie de hielo para patinar y jugar al hockey.

portero – en inglés goalie; jugador que defiende la portería para que el disco no entre.

Stanley Cup – premio dado al mejor equipo de la NHL al final de la temporada.

Unión Soviética – país desde 1922 hasta 1991. En la actualidad es Rusia.

Índice

abdokids.com

¡Usa este código para entrar en abdokids.com y tener acceso a juegos, arte, videos y mucho más!

Código Abdo Kids:
GHK6917